Syndrome de la sauveuse

Tu as développé le syndrome de la sauveuse !
Ne t'inquiète pas, ce n'est pas dangereux.
Juste un peu fatigant. Une héroïne, c'est celle
qui arrive à sauver le monde. Une SUPER héroïne
c'est celle qui arrive à se lâcher la grappe,
à cultiver la paix en soi et à l'inspirer chez les autres.

Mon Oracle

Notice

Tirage Coup d'éclat

Pour une réponse claire à une question précise.

Concentre-toi sur ta question en mélangeant les 44 cartes. Dispose les cartes face cachée selon ton envie. Choisis-en une. Découvre ta réponse !

Tirage Triple Magie

Pour t'indiquer un chemin ou une direction à prendre dans ta vie actuelle.

Concentre-toi sur ta question en mélangeant les 44 cartes. Dispose les cartes face cachée selon ton envie. Il s'agit ici de tirer 3 cartes qui vont représenter respectivement :

1. Ton passé direct, la phase que tu viens de vivre.
2. Ton présent, le message du moment pour avancer dans la direction souhaitée.
3. Ce qui se profile pour toi si tu restes dans cette énergie présente.

Du coup, tu peux tirer une quatrième carte en demandant « Quel conseil pour améliorer ce qui se profile pour moi ? » afin de t'orienter en accord avec tes désirs !

Ta réalité

Il y a autant de réalités qu'il y a d'individus.
Car la réalité est ce qu'on en fait, ce qu'on veut en percevoir et comment on la juge.
Le plus important est réellement de ficher la paix au réel pour atteindre d'autres réalités !
Alors si tu veux changer de réalité, il faut t'ouvrir à un nouvel angle de vue.

Dans le mille !

Tu rêves de changements, mais tout est encore flou à l'horizon ? Il faut que tu détermines clairement tes désirs si tu veux que les choses prennent forme. Donc pour le gâteau : chocolat praline ou citron meringué ? Tu vois, c'est simple !

Ciboulot en vrac

Allô Houston, on a un problème. Le ciel est trouble, je répète, le ciel est TROUBLE ! Tu pédales dans la semoule. Pour dissiper le brouillard de tes pensées, tu peux les observer et donner moins de poids à toutes celles qui n'ont pas d'utilité dans l'instant.

Croyances périmées

Il y a un grand ménage à faire dans ce que tu juges possible ou non. Les croyances périmées t'érigent des barrières qui n'existent pas, mais qui les rendent si réelles que tu cherches ensuite un moyen de t'en libérer. Et si tu jetais plutôt ces croyances au recyclage ?

Nouveau chemin

Parfois, nous avons une idée bien précise quant au déroulement de nos projets. Mais dès lors que nous remplaçons nos pensées un peu figées au profit de notre spontanéité, de nouvelles idées apparaissent et nous permettent d'apprendre et de découvrir d'autres chemins de réalisation !

Arc-en-ciel

Peut-être que tu es malheureuse en ce moment, mais ceci n'est que passager ! Si nous étions toujours heureux, nous serions incapables de nommer le bonheur. L'arc-en-ciel a besoin de la pluie et du soleil pour se révéler. Laisse les nuages se dissiper pour voir les couleurs apparaître.

Bons numéros

Tu vois fréquemment des heures-miroirs en ce moment ! Et tu sais pourquoi ? Parce que tu commences à t'écouter au-delà de l'opinion tranchée de tes amis, de ta famille et des autres personnages importants de ta vie. Tu es de plus en plus en phase avec toi-même ! Continue et tu feras des étincelles.

Inverser la vapeur

Toutes les portes te sont grandes ouvertes pour réaliser ce qui te tient à cœur. Il serait dommage de te laisser distraire par tes peurs ! Après tout, elles ont le pouvoir que tu leur donnes. Donc la balle est clairement dans ton camp. À toi de jouer !

Suis ton instinct !

Mais, mais, mais... pourquoi avoir peur de suivre ton intuition ? Ton GPS intérieur fonctionne super bien ! Même s'il y a tout un tas de paramètres qui te sont encore inconnus, la route se dessine à mesure que tu la parcours. Les montagnes de doutes cachent parfois les panneaux de signalisation. Sois attentive à tous les petits signes qui se posent sur ton chemin, comme des messages qui te sont directement adressés.

La tortue

Stop la course ! Plus tu essaieras d'aller vite,
plus tu seras amenée à prendre ton temps.
Les graines que tu as semées ont besoin
de toute ton attention pour sortir de terre.
Ouvre en toi le pouvoir de la tortue !
Chaque pas est une aventure précieuse.

Super pouvoir

Bravo ! Tu es de plus en plus attentive à tes petites suggestions intérieures. Tu vas pouvoir y trouver un grand pouvoir caché : le pouvoir de la joie. Plus tu réalises ce qui te procure de la joie et plus tu entres dans ce cercle vertueux qui dépote ! À mesure qu'il grandit, ce super pouvoir écarte les doutes, les obstacles mais pas les moustiques, hélas.

Confiance !

Laisse la confiance intérieure t'envelopper comme la plus belle des preuves d'amour à toi-même. Si tu ne sais pas encore où tu vas, tu peux toujours compter sur elle pour te donner le courage dont tu as besoin. C'est toujours mieux que de te ronger les ongles !

Peace & Love

Et si tu commençais d'abord par amener la paix en toi ?
La paix se cultive de l'intérieur, comme ça
tu l'emmènes partout. Comment y parvenir ?
En effectuant l'inverse de ce que tu fais,
là, maintenant. On respire et on s'apaise.
Tout doucement.

Arbitre libre ?

Es-tu libre de tes choix ? Le libre arbitre, c'est choisir d'écouter sa petite voix parmi toutes les autres et sans te laisser influencer. Tes propres pensées et les opinions des autres ne doivent pas corrompre cette liberté intérieure de suivre ton cœur malgré les doutes !

YES !

Tu as posé une question, demandé un conseil, un éclairage, et la réponse est YES ! Alors pourquoi ? Comment ? D'où sort ce grand YES ?
Je ne peux pas te dire, je ne suis qu'une simple carte de jeu. Mais tu ne crois pas au hasard… Si ?

Éditeurs : Louis-Antoine Dujardin & Anaïs Vanel

Dépôt légal : novembre 2019
ISBN : 978-2-413-01089-0

Conception graphique :
Margaux Motin & Noémie Levain

Achevé d'imprimer en novembre 2020 sur les presses
de l'imprimerie Imago, en Chine

www.editions-delcourt.fr

Courage vient de « cœur »

Se lancer avec le cœur plus que la tête : c'est ce qu'on appelle le courage. Toute action envers toi-même est une opportunité. Ne passe pas à côté ! La formule magique s'appliquera toutes les fois où tu écouteras plus ton cœur que ta tête, dans tes micro-actions du quotidien. Tu sais, cette voix douce qui ne fait pas flipper ?

Rancœur

La rancœur ronge la victime que tu fais vivre en toi. Le plus lourd fardeau que tu t'infliges est le poids immense que tu donnes à tes pensées ! Fini le passé, l'instant est un cadeau précieux, c'est le moment où toutes les occasions sont bonnes pour te choisir. Et te redonner le sourire !

Tragédie grecque

Tu aimes les feuilletons rocambolesques,
les films poignants et les histoires à l'eau de rose ?
Car tu as tendance à te laisser happer
par les événements ! Essaie de te détacher un peu
de l'ambiance morose que tu fais vivre en toi.
Un petit sourire ?

Née pour s'amuser

La vie tout autour de toi paraît bien sérieuse !
Responsabilités, tâches et devoirs...
et toi dans tout ça ? Le plaisir a tendance
à passer après tes obligations et soucis.
Et si tu essayais de faire l'inverse ? Plus on s'amuse,
moins on a de temps pour les soucis !
C'est comme ça que le changement arrive !

Auto-sabotage

Ne laisse pas tes pensées brouiller
la fréquence de ta petite voix intérieure.
Elle est silencieuse, sage et sympathique.
Veille à calmer le brouhaha dans ta tête
pour pouvoir l'entendre plus facilement.

On saute le pas !

Hello ? Il y a quelqu'un parmi tous ces doutes existentiels ? Aie confiance dans le projet que tu as envie d'entreprendre ou dans lequel tu es en train de te lancer. Avant de faire des plans sur la comète, garde dans le viseur l'essentiel, cette aventure est parfaite pour toi ! Mais pour en prendre conscience, il faut parfois sauter les yeux fermés ! GO !

Poirier de vie

Il est délicat de se maintenir en équilibre lorsqu'on a la tête à l'envers. Sauf si tu es acrobate. Tu endosses beaucoup de rôles différents, tu gères un max ! Mais pour garder le cap, il est parfois bon de tous les rassembler pour être simplement soi-même. Il est temps de rééquilibrer tout ça !

Actions spontanées

Travaille discrètement avec tes envies spontanées.
Ce sont elles, tes balises intérieures.
Plus tu t'autoriseras à te libérer de tes pensées
et à te laisser aller sans réfléchir, moins tu auras
de questions et plus tu auras de réponses !

Palpitation du cœur

Ton cœur fait des bonds et tes envies te font frissonner ? Tu peux croire en tes désirs même si pour le moment rien ne semble avancer dans la direction souhaitée. La réponse est bien logée dans ton cœur, reste fidèle à toi-même, ça te réussira très bien !

Bonne nouvelle !

Bonne ou mauvaise, tout dépend de comment tu souhaites prendre les informations qui te parviennent. Elles sont toutes des occasions de grandir et d'avancer. Veille à rester positive et tout ira pour le mieux !

Addict à toi-même

Dans ta liste des priorités, tu n'aurais pas oublié quelqu'un ? Une personne très importante qui a besoin de toute ton attention ? Tu ne peux pas faire en sorte que tout le monde soit content et te laisser sur le bord du bocal. Cendrillon a récuré les toilettes, mais ensuite elle a pris sa soirée !

Alerte au bol d'air

C'est quoi cette odeur ? Stress, anxiété, fatigue, turpitudes... C'est le moment de changer d'air au plus vite ! Pour enlever cette odeur de renfermé dans ton boudoir de penseuse, prends un moment seule pour aller te promener avec toi-même, dans la nature si possible. Au fur et à mesure, la fraîcheur va revenir et tes idées seront plus claires.

Non et non !

Ton amie te demande si tu peux lui rendre un service et ton « OUI » retentit comme un pare-feu anti-culpabilité. Il est temps d'oser dire « NON » car toi seule as le pouvoir de prendre les libertés que tu attends. Ose le « NON » pour valoriser tes « OUI » sans plus te culpabiliser.

Réaction en bonne et due forme

Tes émotions te font souvent réagir un peu trop rapidement. Et si tu prenais le temps de laisser la vapeur se dissiper avant de t'emballer dans une réplique théâtrale ? Tu connais le feng shui ? Le macramé ? La peinture sur soie ? Tu sais faire des cookies... ?

Ascenseur émotionnel

Tu vis dans un ascenseur émotionnel avec deux boutons : NIRVANA & CRASH. Tu vas te percher très haut et tu reviens t'écraser en beauté. C'est le moment de jouer au mécano et d'installer le bouton manquant : PRENDRE DU RECUL SUR LA SITUATION. Et si tu essayais de ne pas te laisser aveugler par tes émotions ?

Cocooning

Si tu ne veux plus dire chaque matin à tes yeux « Attention, vous êtes cernés », il est vraiment temps de penser à toi. Alimentation, sommeil, jeux, repos... tu dois respecter tes besoins pour te sentir plus en forme !

Rien à prouver

Tu auras beau faire les meilleures pizzas du monde, arriver en tête d'une course à dos d'éléphant ou inventer une machine à fabriquer de l'eau potable, si tu ne te donnes pas la reconnaissance que tu attends, tu ne seras jamais satisfaite ! Tu escalades la montagne comme s'il fallait prendre une revanche sur la vie. Et si tu prenais plutôt le temps de te féliciter ?

Lâche-toi la grappe !

La vaisselle, le repassage, les enfants, le ménage, ta soirée repoussée avec Julie, ton ex dont tu es toujours accro, ton four qui a pris feu et ce courrier super important que tu attends... Il est grand temps d'arrêter de se fouler le cerveau ! Laisse le miracle du lâchage de grappe agir. Et si tu te détachais de ces prises de tête en cultivant le lâcher-prise ?

Bravo !

Tu tiens le bon bout ! À force d'optimisme, tout prend forme. Mais attention à ne pas te laisser séduire par le découragement. C'est un faux ami. Comme son nom l'indique, il te ment ! Poursuis tes efforts, tes projets sont en bonne voie !

Besoin de sécurité !

Avoir besoin de sécurité, c'est avoir envie que tout se déroule sans soucis. Donc c'est penser à tout un tas de soucis qui pourraient t'arriver. Comme une grande, tu te crées une insécurité intérieure qui n'existe que parce que tu as besoin de sécurité. En prendre conscience est le meilleur moyen de s'apaiser.

Ça swing !

Il y a du mouvement dans l'air. La situation dans laquelle tu es ne te convient plus. Même si cela peut te sembler négatif, c'est au contraire super bénéfique ! C'est l'occasion de tout mettre en œuvre pour opérer les changements que tu espérais. Lâche prise et laisse-toi porter !

Case départ

Il y a quelque chose de nouveau qui se joue actuellement pour toi ! Il y a encore un mois, tu étais totalement différente. Aujourd'hui, tu penses et réagis parfois différemment, avec plus de souplesse, de détachement et sans complexe. C'est un nouveau départ qui t'amène vers une nouvelle manière de voir et d'entreprendre la vie ! Bravo, continue et garde confiance !

Zen attitude

« Ommm ». Pince tes index avec tes pouces en adoptant la position du lotus. La tête droite et les yeux fermés. Comme si tu avais fait ça dans une autre vie. Relaxe-toi. Et si ça ne marche pas, tu peux toujours rire de toi-même, car le rire zénifie tout le corps ! Et tu en as bien besoin.

Folie des grandeurs

Tu es très créative en ce moment ! C'est le meilleur moment pour avancer sur un projet cher à ton cœur. Tu as laissé la porte ouverte et mille idées se sont engouffrées. Il est temps de laisser tomber tes inquiétudes pour plonger vers de nouvelles initiatives !

1.2.3. partez !

C'est le moment de prendre une grande inspiration et de te lancer ! Tout est réuni pour s'activer maintenant, alors ne remets pas à plus tard ce qui te tend les bras aujourd'hui. Tu pourrais le regretter et quand tu regrettes quelque chose, ton visage se ferme. Et nous on aime bien quand tu as le visage lumineux.

Imagination sans borne

Tu recevras plus facilement les messages de ton intuition si tu t'autorises à imaginer de temps en temps. Tu vois cette carte ? Pour qu'elle existe, il a fallu imaginer tout ce qui la compose. Pour stimuler ton intuition, il te faut ouvrir ce grand centre de créativité intérieure. Relaxe-toi et laisse ton inspiration s'activer.

Moi et l'autre

Communique avec tact et bienveillance, mais sans filet ; ce que l'autre décide de prendre, de comprendre et de te renvoyer n'est pas ton affaire. Finalement, personne n'a jamais vraiment tort, on a juste super envie d'avoir raison, d'être comprise et entendue !

Le bon choix

Primo : penses-tu être assez calme à l'intérieur pour prendre une décision ? Deuzio : il ne faut pas chercher à faire le bon choix, il faut admettre en soi que tous les choix seront les bons ! Tertio : il y a toujours un choix qui t'attire plus, sans raison !